SAUCES,
CHUTNEYS DIPS
et COULIS

SAUCES,
CHUTNEYS DIPS
et COULIS

PaRragon

Bath • New York • Singapore • Hong Kong • Cologne • Delhi
Melbourne • Amsterdam • Johannesburg • Shenzhen

Parragon Books Ltd
Chartist House
15-17 Trim Street
Bath BA1 1HA, UK

Maquette : Seagulls
Photographie et texte : The Bridgewater Book Company Ltd.

Copyright © 2013 pour l'édition française
Parragon Books Ltd

SP Éditions
64, rue Tiquetonne
75002 Paris
France

Réalisation : *In*Texte Édition, Toulouse

ISBN : 978-2-36396-075-7

Imprimé en Chine
Printed in China

NOTE

Une cuillerée à soupe correspond à 15 à 20 g d'ingrédients secs et 15 ml d'ingrédients liquides. Une cuillerée à café correspond à 3 à 5 g d'ingrédients secs et 5 ml d'ingrédients liquides. La tasse est une unité de mesure correspondant à un volume de 250 ml. Sans autres précisions, le lait est entier, les œufs sont de taille moyenne et le poivre est du poivre noir fraîchement moulu.

Les valeurs nutritionnelles indiquées à chaque recette s'entendent par personne ou par portion. Les calculs ne tiennent compte ni des ingrédients facultatifs ni des variantes et des suggestions de présentation.
Les recettes utilisant des œufs crus ou peu cuits sont déconseillées aux nourrissons, aux personnes âgées, aux femmes enceintes, ainsi qu'aux personnes malades ou convalescentes.

SOMMAIRE

INTRODUCTION

Il est souvent dit que c'est à la qualité des sauces que l'on reconnaît les bons cuisiniers. Une simple sauce peut transformer un plat ordinaire en un véritable régal pour les papilles – elle peut le relever, le rendre plus crémeux, mettre en valeur la saveur d'un ingrédient, équilibrer les textures ou ajouter une touche élégante à la présentation.

Certaines sauces ne sont pas destinées à accompagner un plat. En principe, elles se dégustent seules, avec quelques crudités, du pain frais, des chips de tortilla ou des gressins. Ces recettes, qui conviennent aussi bien en entrée que pour l'apéritif ou pour un buffet, font l'objet du premier chapitre de cet ouvrage. Laissez aller votre imagination et n'hésitez pas à mélanger les styles en servant un steak avec du guacamole, de l'agneau mariné avec de l'houmous au sésame, du poisson frit avec de l'aïoli ou du poulet grillé avec de la salsa Pico de Gallo.

Les autres chapitres sont consacrés aux sauces au sens plus classique du terme. Vous y retrouverez des recettes traditionnelles ainsi que des recettes plus originales, venues des quatre coins du monde. Laissez-vous tenter par les galettes de poisson à la sauce thaïe ou par les asperges à la sauce hollandaise. N'oubliez pas non plus la multitude de mayonnaises et de vinaigrettes qui peuvent agrémenter vos salades ou vos plats de viande. Surprenez vos invités avec des recettes plus originales et proposez-leur une vinaigrette à la menthe ou une sauce à l'abricot. Enfin, soignez la touche finale de vos repas en nappant vos desserts d'une sauce onctueuse ou d'un coulis gourmand. Les amateurs de chocolat trouveront leur bonheur.

Toutes les recettes sont clairement expliquées et simples à réaliser. Grâce à cet ouvrage, le cuisinier le moins expérimenté atteindra rapidement la perfection.

1

LES ÉTONNANTS

DIPS, MOUSSES & SALSAS

Rien ne met plus en appétit qu'un dip, une de ces sauces épaisses à servir accompagnée d'un plateau de crudités colorées ou d'une assiette de gressins aux graines de sésame. Les vingt recettes réunies ici utilisent une grande variété d'ingrédients – avocats, haricots, poivrons, pois cassés ou noix de coco – de sorte que chacun y trouve son bonheur. Évadez-vous vers le Mexique, l'Indonésie, la Grèce ou l'Inde et laissez-vous tenter par des saveurs épicées ou rafraîchissantes, onctueuses et surprenantes. Préparez toutes ces recettes en vue d'un buffet, vous serez surpris par le peu de travail que cela demande. Proposez deux ou trois de ces spécialités à l'apéritif pour éveiller les papilles et lancer les conversations. Vous pouvez même prévoir un de ces petits délices comme accompagnement d'un plat principal pour ajouter de la couleur et une touche d'originalité à votre repas.

GUACAMOLE

POUR 4 PERSONNES

2 gros avocats mûrs

jus d'un citron vert

2 cuil. à café d'huile d'olive

½ oignon, finement haché

1 piment vert frais, poblano par exemple,
épépiné et finement haché

1 gousse d'ail, hachée

¼ de cuil. à café de cumin en poudre

1 cuil. à soupe de coriandre fraîche hachée

sel et poivre

GARNITURE

coriandre fraîche, ciselée

ACCOMPAGNEMENT

chips de tortilla ou gressins

1 Couper les avocats en deux dans la longueur et faire pivoter les moitiés de façon à les séparer. Piquer les noyaux à l'aide d'un couteau pointu et faire levier de façon à les détacher de la chair.

2 Peler les moitiés d'avocats, hacher grossièrement la chair et transférer dans une terrine non métallique. Arroser de jus de citron et d'huile, et mélanger.

3 Écraser l'avocat à l'aide d'une fourchette jusqu'à obtention de la consistance souhaitée. Incorporer l'oignon, le piment, l'ail, le cumin et la coriandre hachée, et saler et poivrer à volonté.

4 Transférer le guacamole dans un plat de service et parsemer de coriandre fraîche ciselée. Servir immédiatement de façon à éviter que l'avocat ne noircisse, accompagné de chips de tortilla ou de gressins.

HOUMOUS AU SÉSAME

POUR 8 PERSONNES

225 g de pois chiches secs,
mis à tremper toute une nuit

jus de 2 gros citrons

⅔ de tasse de tahini (pâte de sésame)

2 gousses d'ail, écrasées

4 cuil. à soupe d'huile d'olive vierge extra

1 pincée de cumin en poudre

sel et poivre

GARNITURE

1 cuil. à café de paprika

persil plat, ciselé

ACCOMPAGNEMENT

pain pita chaud

1 Égoutter les pois chiches, transférer dans une casserole et couvrir d'eau froide. Porter à ébullition et laisser mijoter 2 heures, jusqu'à ce qu'ils soient tendres. Égoutter en réservant un peu de liquide de cuisson.

2 Réserver quelques pois chiches pour la garniture, transférer les pois chiches restants dans un robot de cuisine et mixer en incorporant progressivement le jus de citron et le liquide de cuisson réservé de façon à obtenir une purée épaisse. Ajouter le tahini, l'ail, 3 cuillerées à soupe d'huile d'olive et le cumin, mixer de nouveau, puis saler et poivrer à volonté.

3 Transférer la préparation obtenue dans un plat de service peu profond et mettre au réfrigérateur 2 à 3 heures. Mélanger l'huile d'olive restante et le paprika, arroser l'houmous du mélange obtenu et parsemer de persil ciselé et de pois chiches. Servir accompagné de pain pita chaud.

PURÉE DE LENTILLES AUX AMANDES

4 cuil. à soupe de beurre

1 petit oignon, haché

½ tasse de lentilles rouges

1 tasse ¼ de bouillon de légumes

¾ de tasse d'amandes, mondées

½ tasse de pignons

½ cuil. à café de coriandre en poudre

½ cuil. à café de cumin en poudre

½ cuil. à café de gingembre frais râpé

1 cuil. à café de coriandre fraîche ciselée

ACCOMPAGNEMENT

crudités et gressins

1 Dans une casserole, faire fondre la moitié du beurre, ajouter l'oignon et faire revenir à feu moyen jusqu'à ce qu'il soit doré.

2 Ajouter les lentilles, mouiller avec le bouillon et porter à ébullition. Réduire le feu et laisser mijoter 25 à 30 minutes à feu doux sans couvrir, jusqu'à ce que les lentilles soient tendres. Bien égoutter.

3 Dans une poêle, faire fondre le beurre restant, ajouter les pignons et les amandes, et cuire à feu doux jusqu'à ce qu'ils soient dorés.

4 Transférer les lentilles, les pignons et les amandes dans un robot de cuisine, ajouter le beurre resté dans la poêle, la coriandre en poudre et fraîche, le cumin et le gingembre, et mixer 15 à 20 secondes, jusqu'à obtention d'une consistance homogène. Il est également possible de passer les lentilles au chinois en pressant à l'aide d'une cuillère en bois et d'incorporer les amandes, les pignons, les épices et les herbes.

5 Saler et poivrer à volonté et servir accompagné de crudités et de gressins.

PURÉE D'AIL
AU SÉSAME

POUR 4 PERSONNES

2 têtes d'ail

6 cuil. à soupe d'huile d'olive

1 petit oignon, finement haché

2 cuil. à soupe de jus de citron

3 cuil. à soupe de tahini
(pâte de sésame)

2 cuil. à soupe de persil haché

sel et poivre

ACCOMPAGNEMENT

crudités

pain frais ou pain pita chaud

1 Séparer les gousses d'ail, les disposer sur une plaque de four et cuire au four préchauffé, à 200 °C (th. 6-7), 8 à 10 minutes. Retirer du four et laisser refroidir quelques minutes.

2 Peler les gousses d'ail et les hacher finement à l'aide d'un couteau tranchant.

3 Dans une poêle, chauffer l'huile, ajouter l'ail et l'oignon, et faire revenir 8 à 10 minutes à feu doux en remuant de temps en temps. Retirer du feu.

4 Incorporer le jus de citron, le tahini et le persil, saler et poivrer à volonté et transférer dans un plat de service.

5 Servir accompagné de crudités et de morceaux de pain frais ou de pain pita chaud.

TZATZIKI

POUR 4 PERSONNES

1 petit concombre

300 ml de yaourt à la grecque

1 grosse gousse d'ail, écrasée

1 cuil. à soupe de menthe ou d'aneth frais hachés

sel et poivre

ACCOMPAGNEMENT

pain pita chaud

1 Peler le concombre et râper grossièrement la chair. Transférer dans un chinois, presser à l'aide d'une cuillère en bois de façon à exprimer l'excédent d'eau et mettre dans une terrine.

2 Ajouter le yaourt, l'ail et la menthe hachée, poivrer à volonté et mélanger. Mettre au réfrigérateur 2 heures.

3 Mélanger de nouveau, transférer dans un plat de service et saupoudrer de sel. Servir accompagné de pain pita chaud.

AÏOLI
À L'ESTRAGON

POUR 4 PERSONNES

3 grosses gousses d'ail, finement hachées

2 jaunes d'œufs

1 tasse d'huile d'olive vierge extra

1 cuil. à soupe de jus de citron

1 cuil. à soupe de jus de citron vert

1 cuil. à soupe de moutarde de Dijon

1 cuil. à soupe d'estragon frais haché

sel et poivre

GARNITURE

1 brin d'estragon frais

ACCOMPAGNEMENT

pain frais ou toasts

1 S'assurer que les ingrédients soient à température ambiante. Dans un robot de cuisine, mettre l'ail et les jaunes d'œufs, et mixer jusqu'à obtention d'un mélange homogène. Moteur en marche, ajouter l'huile d'olive goutte à goutte jusqu'à ce que la préparation épaississe, et verser l'huile restante en filet continu jusqu'à obtention d'une mayonnaise.

2 Ajouter le jus de citron et de citron vert, la moutarde et l'estragon, saler et poivrer à volonté et mixer de nouveau. Transférer dans un plat de service non métallique et garnir d'un brin d'estragon.

3 Couvrir de film alimentaire, réserver au réfrigérateur et laisser revenir à température ambiante avant de servir, accompagné de pain frais ou de toasts.

TARAMA

POUR 6 PERSONNES

225 g d'œufs de cabillaud
ou d'œufs de mulet

1 petit oignon, coupé en quartiers

¼ de tasse de chapelure blanche fraîche

1 grosse gousse d'ail, écrasée

zeste râpé et jus d'un gros citron

⅓ de tasse d'huile d'olive vierge extra

6 cuil. à soupe d'eau chaude

poivre

GARNITURE

olives noires grecques

câpres

persil plat, haché

ACCOMPAGNEMENT

crackers, chips ou pain pita

1 Retirer la peau des œufs de poisson. Dans un robot de cuisine, hacher finement l'oignon et ajouter progressivement les œufs de poisson sans cesser de mixer jusqu'à obtention d'une consistance homogène. Ajouter la chapelure, l'ail, le jus et le zeste de citron, et mixer de nouveau.

2 Moteur en marche, verser l'huile très progressivement en filet continu, incorporer l'eau et poivrer à volonté.

3 Transférer la préparation obtenue dans un plat de service et mettre au réfrigérateur 1 heure. Garnir d'olives, de câpres et de persil haché, et servir accompagné de pain pita, de crackers ou de chips.

CAVIAR D'AUBERGINE AU POIVRON

POUR 6 À 8 PERSONNES

2 grosses aubergines

2 poivrons rouges

4 cuil. à soupe d'huile d'olive espagnole

2 gousses d'ail, grossièrement hachées

zeste râpé et jus d'un demi-citron

1 cuil. à soupe de coriandre fraîche hachée

½ à 1 cuil. à café de paprika

sel et poivre

GARNITURE

coriandre fraîche hachée

ACCOMPAGNEMENT

pain frais ou toasts

1 Préchauffer le four à 190 °C (th. 6-7). Piquer la peau des poivrons et des aubergines à l'aide d'une fourchette, enduire d'huile d'olive et disposer sur une plaque de four. Cuire au four préchauffé 45 minutes, jusqu'à ce que la peau des légumes noircisse et que la chair des aubergines soit très tendre.

2 Transférer les légumes dans une terrine et couvrir avec un linge humide. Il est également possible de les transférer dans un sac en plastique. Laisser reposer 15 minutes, jusqu'à ce que les légumes soient tièdes.

3 Couper les aubergines en deux dans la longueur, prélever la chair et la couper en morceaux. Peler les poivrons, épépiner et couper la chair en morceaux.

4 Dans une poêle, chauffer l'huile restante, ajouter les aubergines et les poivrons, et cuire 5 minutes. Ajouter l'ail et faire revenir encore 30 secondes.

5 Transférer la préparation obtenue sur du papier absorbant, égoutter et mettre dans un robot de cuisine. Ajouter le zeste et le jus de citron, la coriandre et le paprika, saler et poivrer à volonté et mixer jusqu'à obtention d'une purée épaisse.

6 Transférer dans un plat de service et servir chaud. Il est également possible de laisser refroidir 30 minutes à température ambiante et 1 heure au réfrigérateur. Garnir de brins de coriandre et servir accompagné de tranches de pain frais ou de toasts.

CHUTNEY DE TAMARIN

POUR environ 1 tasse ½

*100 g de pulpe de tamarin, hachée, ou de pâte de tamarin

2 tasses d'eau

½ piment thaï, épépiné et haché

¼ de tasse de sucre roux

½ cuil. à café de sel

EN ACCOMPAGNEMENT DE

beignets de poulet ou de poisson

* la pâte de tamarin prête à l'emploi est en vente dans les épiceries spécialisées

1 Dans une casserole à fond épais, mettre la pulpe de tamarin et l'eau, porter à ébullition à feu vif et réduire le feu. Laisser mijoter 25 minutes à feu très doux en remuant de temps en temps, jusqu'à ce que la pulpe de tamarin soit tendre.

2 Transférer la préparation obtenue dans un chinois et rincer la casserole. Passer la pulpe de tamarin au chinois en pressant à l'aide d'une cuillère en bois et remettre dans la casserole.

3 Incorporer le piment, le sucre et le sel, et laisser mijoter 10 minutes, jusqu'à obtention de la consistance souhaitée. Laisser tiédir et ajouter du sucre ou du sel à volonté.

4 Laisser refroidir complètement, couvrir hermétiquement et conserver au réfrigérateur jusqu'à 3 jours. Il est également possible de mettre le chutney au congélateur. Servir en accompagnement de beignets de poulet ou de poisson.

MOLE VERDE
AU POTIRON

POUR 4 PERSONNES

2 tasses de graines de potiron grillées

4 tasses de bouillon de légumes

½ cuil. à café de clous de girofle en poudre

8 à 10 tomatillos, coupés en dés

½ oignon, haché

½ piment vert frais, épépiné et coupé en dés

3 gousses d'ail, hachées

½ cuil. à café de feuilles de thym frais

½ cuil. à café de feuilles de marjolaine fraîche

3 cuil. à soupe d'huile

4 cuil. à soupe de coriandre fraîche hachée

3 feuilles de laurier

1 Dans un robot de cuisine, moudre les graines de potiron, ajouter la moitié du bouillon de légumes, les clous de girofle en poudre, les tomatillos, l'oignon, le piment, l'ail, le thym et la marjolaine, et réduire en purée.

2 Dans une poêle à fond épais, chauffer l'huile, ajouter la préparation précédente et les feuilles de laurier, et cuire 5 minutes à feu moyen à vif, jusqu'à ce que la consistance épaississe.

3 Retirer la poêle du feu, mouiller avec le bouillon restant et ajouter la coriandre. Cuire de nouveau jusqu'à ce que la préparation épaississe et retirer du feu.

4 Retirer les feuilles de laurier, mixer de nouveau jusqu'à obtention d'une consistance homogène, et saler et poivrer à volonté.

5 Transférer la préparation obtenue dans un plat de service et servir immédiatement, éventuellement accompagné de chips de tortilla ou de pain pita.

CAVIAR D'AUBERGINE AU SÉSAME

POUR 4 PERSONNES

1 aubergine

4 à 6 cuil. à soupe d'huile d'olive

jus d'un ou deux citrons

4 à 6 cuil. à soupe de tahini
(pâte de sésame)

1 ou 2 gousses d'ail, écrasées

GARNITURE

1 cuil. à café de graines de sésame

ACCOMPAGNEMENT

toasts ou pain frais

1 Faire griller l'aubergine dans une poêle à fond rainuré préchauffée ou au gril en la retournant souvent jusqu'à ce que la peau noircisse et que la chair soit très tendre.

2 Transférer sur une planche à découper et laisser tiédir. Couper l'aubergine en deux, prélever la chair et la transférer dans une terrine. Réduire en purée à l'aide d'une fourchette.

3 Incorporer progressivement l'huile, le jus de citron, le tahini et l'ail, mélanger et rectifier l'assaisonnement.

4 Transférer la préparation obtenue dans un bol de service et servir à température ambiante ou couvrir de film alimentaire et mettre au réfrigérateur 30 minutes.

5 Faire griller les graines de sésame quelques secondes à sec dans une poêle très chaude. Parsemer le caviar d'aubergine et servir immédiatement, accompagné de pain frais ou de toasts.

CHUTNEY D'OIGNONS AU PIMENT

POUR environ 1 tasse ⅓

1 à 2 piments verts frais, épépinés
et finement hachés

1 petit piment thaï, épépiné et haché

1 cuil. à soupe de vinaigre de vin blanc
ou de cidre

2 oignons, finement hachés

2 cuil. à soupe de jus de citron frais

1 cuil. à soupe de sucre

3 cuil. à soupe de coriandre, de menthe
ou de persil frais hachés

sel

GARNITURE

1 cuil. à café de graines de sésame

ACCOMPAGNEMENT

toasts ou pain frais

1 Dans une terrine non métallique, mettre les piments
et le vinaigre, mélanger et égoutter. Remettre les piments
dans la terrine, incorporer les oignons, le jus de citron, le sucre
et les fines herbes, et saler à volonté.

2 Laisser reposer à température ambiante ou couvrir
et mettre au réfrigérateur 15 minutes. Garnir du piment
ciselé à la manière d'une fleur et servir accompagné de toasts
ou de pain frais.

CONDIMENT À LA CORIANDRE

POUR environ 1 tasse ⅓

1 cuil. à soupe ½ de jus de citron

1 cuil. à soupe ½ d'eau

85 g de coriandre fraîche, ciselée

2 cuil. à soupe de noix de coco fraîche râpée

1 petite échalote, très finement hachée

1 morceau de gingembre de 5 mm, haché

1 piment vert frais, épépiné et haché

½ cuil. à café de sucre

½ cuil. à café de sel

1 pincée de poivre

ACCOMPAGNEMENT

beignets indiens ou pain frais

1 Dans un robot de cuisine, mettre le jus de citron et l'eau, ajouter la moitié de la coriandre et mixer jusqu'à obtention d'une pâte homogène. Ajouter progressivement la coriandre restante et mixer de nouveau en raclant les parois du robot de cuisine. Il est également possible de piler les ingrédients dans un mortier en ajoutant progressivement la coriandre.

2 Ajouter les ingrédients restants dans le robot de cuisine, mixer jusqu'à obtention d'une consistance homogène et rectifier l'assaisonnement. Transférer la préparation obtenue dans une terrine non métallique, couvrir et conserver au réfrigérateur jusqu'à 3 jours avant de servir. Servir à température ambiante, accompagné de pain frais ou de beignets indiens.

PURÉE DE FÈVES
À LA MENTHE

POUR 6 PERSONNES

500 g de fèves fraîches ou surgelées

5 cuil. à soupe d'huile d'olive

1 gousse d'ail, finement hachée

1 oignon, finement haché

1 cuil. à café de cumin en poudre

1 cuil. à soupe de jus de citron

¾ de tasse d'eau

1 cuil. à soupe de menthe fraîche hachée

GARNITURE

paprika

ACCOMPAGNEMENT

crudités ou pain

1 Pour les fèves fraîches, porter une casserole d'eau salée à ébullition, ajouter les fèves et réduire le feu. Couvrir, laisser mijoter 7 minutes et égoutter. Rafraîchir à l'eau courante, égoutter de nouveau et peler. Pour les fèves surgelées, laisser décongeler à température ambiante et peler.

2 Dans une poêle, chauffer 1 cuillerée à soupe d'huile d'olive, ajouter l'ail, l'oignon et le cumin, et cuire à feu très doux en remuant de temps en temps jusqu'à ce que l'oignon soit translucide. Ajouter les fèves et cuire encore 5 minutes en remuant souvent.

3 Retirer la poêle du feu, transférer la préparation obtenue dans un robot de cuisine et ajouter le jus de citron, l'huile restante, l'eau et la menthe. Mixer jusqu'à obtention d'une purée homogène, puis saler et poivrer à volonté.

4 Remettre la purée dans la poêle, réchauffer à feu doux et transférer dans des bols. Saupoudrer de paprika et servir accompagné de crudités ou de pain.

DIP AU FROMAGE BLANC
ET POIVRON GRILLÉ

POUR 6 PERSONNES

4 gros poivrons rouges grillés en bocal,
jus réservé

100 g de fromage blanc

½ cuil. à café de jus de citron

sel et poivre

ACCOMPAGNEMENT

pain pita, chaud

1 Hacher finement les poivrons, les mettre dans une terrine et ajouter le fromage blanc, 1 cuillerée à soupe de jus du bocal réservé et le jus de citron. Saler et poivrer à volonté, mélanger et mettre au réfrigérateur 1 heure.

2 Mélanger de nouveau la préparation, transférer dans un plat de service et servir immédiatement, accompagné de pain pita chaud.

PURÉE DE POIS CASSÉS BLONDS

POUR 6 PERSONNES

250 g de pois cassés blonds

2 petits oignons, 1 grossièrement haché
et 1 très finement haché

1 gousse d'ail, grossièrement hachée

6 cuil. à soupe d'huile d'olive vierge extra

1 cuil. à soupe d'origan frais haché

sel et poivre

ACCOMPAGNEMENT

pain pita, chaud

1 Rincer les pois cassés à l'eau courante, mettre dans une casserole et ajouter l'oignon grossièrement haché et l'ail. Couvrir d'eau froide, porter à ébullition et laisser mijoter 45 minutes, jusqu'à ce que les pois cassés soient tendres.

2 Égoutter les pois cassés en réservant un peu de liquide de cuisson, transférer dans un robot de cuisine et ajouter 5 cuillerées à soupe d'huile d'olive. Mixer jusqu'à obtention d'une consistance homogène et ajouter du liquide de cuisson réservé de façon à obtenir une purée épaisse. Incorporer l'origan, puis saler et poivrer à volonté.

3 Transférer la préparation obtenue dans un plat de service, parsemer d'oignon finement haché et arroser d'huile d'olive. Servir chaud ou froid, accompagné de pain pita chaud.

YAOURT À LA GRECQUE AUX AUBERGINES

POUR 6 PERSONNES

2 grosses aubergines

¼ de tasse d'huile d'olive vierge extra

jus d'un demi-citron

⅔ de tasse de yaourt à la grecque

2 gousses d'ail, écrasées

1 pincée de cumin en poudre

GARNITURE

persil plat frais haché

ACCOMPAGNEMENT

lanières de poivrons rouges et verts

1 Piquer la peau des aubergines à l'aide d'une fourchette, mettre sur une plaque de four et cuire au four préchauffé, à 190 °C (th. 6-7), 45 minutes, jusqu'à ce qu'elles soient très tendres. Laisser tiédir, couper en deux dans la longueur et prélever la chair.

2 Dans une poêle à fond épais, chauffer l'huile, ajouter la chair d'aubergine et faire revenir 5 minutes. Transférer dans un robot de cuisine, ajouter le jus de citron et mixer jusqu'à obtention d'une consistance homogène. Incorporer progressivement le yaourt à la grecque, l'ail et le cumin, et saler et poivrer à volonté.

3 Transférer la préparation obtenue dans un plat de service et mettre au réfrigérateur 1 heure. Garnir de persil plat frais haché et servir accompagné de lanières de poivrons verts et rouges croquants.

RAÏTAS

POUR 4 PERSONNES

RAÏTA À LA MENTHE

1 tasse de yaourt nature maigre

¼ de tasse d'eau

1 petit oignon, finement haché

½ cuil. à café de sauce à la menthe

½ cuil. à café de sel

3 feuilles de menthe fraîche

RAÏTA AU CONCOMBRE

225 g de concombre

1 oignon

½ cuil. à café de sel

½ cuil. à café de sauce à la menthe

1 tasse ¼ yaourt nature maigre

⅔ de tasse d'eau

feuilles de menthe fraîche

RAÏTA À L'AUBERGINE

1 aubergine

1 cuil. à café de sel

1 petit oignon, finement haché

2 piments verts frais, épépinés et finement hachés

1 tasse de yaourt nature maigre

3 cuil. à soupe d'eau

ACCOMPAGNEMENT

galettes indiennes

1 Pour le raïta à la menthe, mettre le yaourt dans une terrine et battre à l'aide d'une fourchette. Ajouter l'eau, l'oignon, la sauce à la menthe et le sel, mélanger et garnir de feuilles de menthe.

2 Pour le raïta au concombre, peler le concombre et le couper en rondelles. Hacher finement l'oignon. Dans une terrine, mettre l'oignon et le concombre, ajouter le sel et la sauce à la menthe, et incorporer l'eau et le yaourt. Transférer le mélange obtenu dans un robot de cuisine, mixer et servir garni de feuilles de menthe.

3 Pour le raïta à l'aubergine, ébouter l'aubergine et la couper en dés. Porter à ébullition une casserole d'eau, ajouter les dés d'aubergine et cuire jusqu'à ce qu'ils soient tendres. Égoutter et réduire en purée. Ajouter le sel, l'oignon et les piments verts, et mélanger. Mélanger l'eau et le yaourt, battre à l'aide d'une fourchette et incorporer à la préparation précédente.

MOUSSE D'AMANDE
À L'AIL

POUR 6 PERSONNES

55 g de pain rassis, environ 2 tranches

1 tasse ½ d'amandes

4 à 6 grosses gousses d'ail,
grossièrement hachées

⅔ de tasse d'huile d'olive vierge extra

2 cuil. à soupe de vinaigre de vin blanc

sel et poivre

GARNITURE

brins de coriandre ou de persil plat frais

ACCOMPAGNEMENT

gressins aux graines de sésame

1 Retirer la croûte du pain et couper la mie en dés. Mettre dans une terrine, couvrir d'eau et laisser tremper 10 à 15 minutes. Presser la mie de pain de façon à exprimer l'excédent d'eau et réserver.

2 Dans une terrine résistant à la chaleur, mettre les amandes, couvrir d'eau bouillante et laisser tremper 30 secondes. Égoutter et monder.

3 Dans un robot de cuisine, mettre les amandes et les gousses d'ail, et mixer jusqu'à ce qu'elles soient finement hachées. Ajouter le pain et mixer de nouveau.

4 Moteur en marche, verser progressivement l'huile d'olive en filet continu de façon à obtenir une pâte épaisse, ajouter le vinaigre et mixer de nouveau. Saler et poivrer à volonté.

5 Transférer dans un plat de service, couvrir et réserver au réfrigérateur. Servir garni de fines herbes et accompagné de gressins aux graines de sésame. La mousse se conserve 4 jours.

CAVIAR D'AUBERGINE AUX OIGNONS VERTS

POUR 6 À 8 PERSONNES

1 grosse aubergine

huile d'olive

2 oignons verts, finement hachés

1 grosse gousse d'ail, écrasée

2 cuil. à soupe de persil frais finement haché

sel et poivre

GARNITURE

paprika doux fumé espagnol

ACCOMPAGNEMENT

pain frais

1 Couper l'aubergine en rondelles épaisses, saupoudrer de sel de façon à atténuer l'amertume et laisser reposer 30 minutes. Rincer à l'eau courante et sécher avec du papier absorbant.

2 Dans une poêle, chauffer 4 cuillerées à soupe d'huile à feu moyen à vif, ajouter les rondelles d'aubergine et cuire sur chaque face jusqu'à ce qu'elles soient tendres et commencent à dorer. Retirer les rondelles d'aubergine de la poêle et laisser tiédir de sorte qu'elles dégorgent l'huile.

3 Dans la poêle, chauffer une cuillerée à soupe d'huile, ajouter les oignons verts et l'ail, et cuire 3 minutes, jusqu'à ce que les oignons verts soient tendres. Retirer feu et laisser refroidir.

4 Transférer les ingrédients dans un robot de cuisine, mixer jusqu'à obtention d'une purée épaisse, incorporer le persil et rectifier l'assaisonnement. Servir immédiatement ou couvrir et mettre 15 minutes au réfrigérateur. Saupoudrer de paprika et servir accompagné de pain frais.

SALSA PICO DE GALLO

POUR 4 À 6 PERSONNES

3 grosses tomates mûres

½ oignon rouge, finement haché

1 gros piment vert frais, jalapeño
par exemple, épépiné et finement haché

2 cuil. à soupe de coriandre fraîche hachée

jus d'un citron vert

sel et poivre

ACCOMPAGNEMENT

chips de tortilla ou toasts

1 Couper les tomates en deux, épépiner et couper la chair
en dés. Transférer dans une terrine non métallique.

2 Ajouter l'oignon, le piment, la coriandre hachée et le jus
de citron vert, saler et poivrer à volonté et mélanger
le tout.

3 Couvrir, mettre au réfrigérateur 30 minutes, jusqu'à ce que
les arômes se développent, et servir accompagné de chips
de tortilla ou de toasts.

SAMBAL À LA NOIX DE COCO

POUR 4 PERSONNES

½ noix de coco fraîche, environ 115 g de chair,
ou 1 tasse ¼ de noix de coco déshydratée
non sucrée

2 piments verts frais, épépinés et hachés

1 morceau de gingembre de 2,5 cm,
pelé et finement râpé

4 cuil. à soupe de coriandre fraîche hachée

2 cuil. à soupe de jus de citron

2 échalotes, très finement hachées

ACCOMPAGNEMENT

pains pappadum

1 En cas d'utilisation d'une noix de coco entière, percer la coque en plantant un clou dans un des « yeux » à l'aide d'un marteau. Vider la noix de coco de son eau et en réserver 1 cuillerée à soupe. Briser la coque en deux à l'aide d'un marteau et prélever la pulpe.

2 Dans un robot de cuisine, mettre la pulpe de noix de coco et les piments, et mixer 30 secondes, jusqu'à ce que le tout soit finement haché. Ajouter le gingembre, la coriandre et le jus de citron, et mixer de nouveau.

3 Incorporer l'eau de coco réservée ou 1 cuillerée à soupe d'eau si nécessaire et ajouter les échalotes. Servir immédiatement, accompagné de pains pappadum, ou couvrir et réserver au réfrigérateur. Le sambal se conserve 3 jours.

PURÉE DE HARICOTS BLANCS À LA MENTHE

POUR 6 PERSONNES

1 tasse de haricots cannellini secs

1 petite gousse d'ail, hachée

1 botte d'oignons verts, grossièrement hachés

1 poignée de feuilles de menthe fraîche

2 cuil. à soupe de tahini (pâte de sésame)

2 cuil. à soupe d'huile d'olive

1 cuil. à café de cumin en poudre

1 cuil. à café de coriandre en poudre

jus de citron

sel et poivre

GARNITURE

brins de menthe fraîche

ACCOMPAGNEMENT

crudités (fleurettes de brocoli, carottes, concombre, radis et poivrons)

1 Mettre les haricots dans une terrine, couvrir d'eau froide et laisser tremper 4 heures ou toute une nuit.

2 Rincer les haricots à l'eau courante, égoutter et transférer dans une grande casserole. Couvrir d'eau froide, porter à ébullition et laisser bouillir 10 minutes. Réduire le feu, couvrir et laisser mijoter jusqu'à ce que les haricots soient tendres.

3 Égoutter les haricots, transférer dans un robot de cuisine et ajouter l'ail, les oignons verts, la menthe, le tahini et l'huile d'olive. Mixer 15 secondes ou écraser à l'aide d'une fourchette.

4 Racler les parois du robot de cuisine, incorporer le cumin, la coriandre et le jus de citron, saler et poivrer à volonté et mélanger. Couvrir de film alimentaire et laisser reposer dans un endroit frais 30 minutes, jusqu'à ce que les arômes se développent.

5 Transférer la préparation obtenue dans des bols et garnir de brins de menthe. Disposer les bols sur des assiettes et répartir les crudités autour des bols. Servir à température ambiante.

2

LES TYPIQUES

LES SAUCES QUI FONT LE PLAT

Parmi les seize recettes typiques qui composent ce chapitre, vous trouverez des sauces, comme la sauce bolognaise, qui font partie intégrante du plat de résistance, et d'autres, dont la sauce romesco, qui ne font qu'ajouter une petite touche d'originalité. Vous découvrirez des sauces onctueuses destinées aux plats de pâtes ainsi que d'irrésistibles sauces pouvant accompagner toute une variété d'ingrédients. Prévoyez beaucoup de pain car vos invités prendront plaisir à saucer ! Toutes ces recettes font appel à des ingrédients très variés, de la viande aux fruits de mer, en passant par les légumes et les œufs, et peuvent accompagner de nombreux types de plats. Par exemple, la sauce satay peut se déguster avec des brochettes de poulet, de porc, de bœuf, de crevettes, de poisson ou de légumes. Elle fait également des merveilles avec des pommes de terre à l'eau. Essayez-vous à la confection de ces sauces et vous verrez que le nombre de recettes dont vous maîtrisez la préparation augmentera incroyablement.

SAUCE BOLOGNAISE

& SPAGHETTIS

POUR 4 PERSONNES

2 cuil. à soupe d'huile d'olive

1 cuil. à soupe de beurre

1 petit oignon, finement haché

1 carotte, finement hachée

1 branche de céleri, finement hachée

1 tasse de champignons, hachés

2 tasses de bœuf, haché

¼ de tasse de lard, coupé en dés

2 foies de volaille, hachés

2 cuil. à soupe de concentré de tomates

½ tasse de vin blanc sec

sel et poivre

½ cuil. à café de noix muscade
fraîchement râpée

1 tasse ¼ de bouillon de poulet

½ tasse de crème fraîche épaisse

450 g de spaghettis

2 cuil. à soupe de persil frais haché

parmesan, fraîchement râpé

1 Dans une casserole, chauffer l'huile et le beurre à feu moyen, ajouter l'oignon, la carotte, le céleri et les champignons, et cuire jusqu'à ce qu'ils soient tendres. Ajouter le bœuf et le lard, et faire revenir jusqu'à ce que la viande soit uniformément dorée.

2 Incorporer les foies de volaille et le concentré de tomates, cuire 2 à 3 minutes et mouiller avec le vin. Saler et poivrer à volonté, ajouter la noix muscade et mouiller avec le bouillon. Porter à ébullition, couvrir et laisser mijoter 1 heure à feu doux. Incorporer la crème fraîche et laisser mijoter sans couvrir jusqu'à ce que la préparation ait légèrement réduit.

3 Porter à ébullition une casserole d'eau salée, ajouter les pâtes et cuire jusqu'à ce qu'elles soient al dente. Égoutter et transférer dans un plat de service chaud.

4 Ajouter aux pâtes la moitié de la sauce, mélanger et napper le tout de la sauce restante.

5 Garnir de brins de persil frais, saupoudrer de parmesan et servir immédiatement.

SAUCE SATAY

& BROCHETTES DE POULET

POUR 4 PERSONNES

2 cuil. à soupe d'huile d'arachide

1 cuil. à soupe d'huile de sésame

jus d'un demi-citron vert

2 blancs de poulet, coupés en dés

SAUCE

2 cuil. à soupe d'huile d'arachide

1 petit oignon, finement haché

1 petit piment vert, épépiné et haché

1 gousse d'ail, finement hachée

½ tasse de beurre de cacahuètes avec des éclats

6 à 8 cuil. à soupe d'eau

jus d'un demi-citron vert

1 Dans une terrine non métallique, mettre les huiles et le jus de citron vert, ajouter les dés de poulet et mélanger. Couvrir de film alimentaire et laisser mariner 1 heure.

2 Pour la sauce, chauffer l'huile dans une poêle, ajouter l'oignon, le piment et l'ail, et faire revenir 5 minutes à feu doux en remuant de temps en temps, jusqu'à ce qu'ils soient tendres. Ajouter le beurre de cacahuètes et le jus de citron vert, mouiller avec l'eau et laisser mijoter à feu doux sans cesser de remuer jusqu'à obtention d'une consistance fluide et homogène – ajouter de l'eau si nécessaire.

3 Égoutter les dés de poulet, les piquer sur 8 à 12 brochettes en bois et cuire 10 minutes au gril ou au barbecue en retournant les brochettes souvent, jusqu'à ce qu'elles soient bien cuites. Servir chaud, nappé de sauce.

SAUCE À L'AIL GRILLÉ
& TAGLIATELLES

POUR 4 PERSONNES

2 grosses têtes d'ail

2 tasses ½ de crème fraîche épaisse

3 fines lanières de zeste de citron

sel et poivre

3 tasses de tagliatelles ou de fettucines

½ tasse de parmesan, fraîchement râpé

GARNITURE

2 cuil. à soupe de persil plat frais haché

1 Séparer les gousses d'ail en conservant la peau, les mettre dans un plat et cuire au four préchauffé, à 200 °C (th. 6-7), 7 à 10 minutes, jusqu'à ce qu'elles soient tendres.

2 Laisser tiédir les gousses d'ail, peler et mettre dans une casserole. Ajouter la crème fraîche et le zeste de citron, porter à ébullition et laisser mijoter 5 minutes à feu doux, jusqu'à ce que la consistance épaississe. Passer au chinois en pressant à l'aide d'une cuillère en bois, reverser dans la casserole, puis saler et poivrer à volonté.

3 Cuire les pâtes dans de l'eau bouillante jusqu'à ce qu'elles soient al dente. Égoutter et transférer dans un plat de service chaud. Ajouter le parmesan à la sauce, réchauffer et napper les pâtes. Garnir de persil et servir immédiatement.

PESTO
& PASTA

POUR environ 1 tasse

2 gousses d'ail, grossièrement hachées

½ tasse de pignons

¾ de tasse de feuilles de basilic frais

1 cuil. à café de gros sel

⅓ de tasse de parmesan, fraîchement râpé

½ à ⅔ de tasse d'huile d'olive vierge extra

EN ACCOMPAGNEMENT DE
tagliatelles ou pennes

1 Mettre l'ail, les pignons, le basilic et le gros sel dans un robot de cuisine et réduire en purée épaisse. Ajouter le parmesan et mixer de nouveau rapidement.

2 Ajouter ½ tasse d'huile et mixer de nouveau. Si la consistance est trop épaisse, ajouter l'huile restante et mixer de nouveau jusqu'à obtention d'une consistance homogène. Servir en accompagnement de tagliatelles ou de pennes.

SAUCE ROMESCO

POUR environ 1 tasse ¼

4 grosses tomates mûres

16 amandes, mondées

3 gousses d'ail, non pelées

1 piment doux séché, mis à tremper 20 minutes et égoutté

4 piments rouges séchés, mis à tremper 20 minutes et égouttés

1 pincée de sucre

⅔ de tasse d'huile d'olive vierge extra

2 cuil. à soupe de vinaigre de vin rouge

sel et poivre

EN ACCOMPAGNEMENT DE

poisson ou fruits de mer

1 Mettre les tomates, les amandes et l'ail sur une plaque de four et cuire au four préchauffé, à 180 °C (th. 6), 20 minutes. Retirer les amandes après 7 minutes de cuisson, de sorte qu'elles soient juste dorées et qu'elles exhalent leur arôme.

2 Peler l'ail et les tomates. Dans un robot de cuisine, mettre les amandes, l'ail et les piments, et mixer jusqu'à ce que le tout soit finement haché. Ajouter les tomates et le sucre, et mixer de nouveau.

3 Moteur en marche, verser progressivement l'huile en filet continu. Ajouter 1 cuillerée à soupe ½ de vinaigre et mixer rapidement. Rectifier l'assaisonnement et ajouter le vinaigre restant si nécessaire.

4 Laisser reposer 2 heures et servir à température ambiante. Il est également possible de couvrir et de conserver la sauce jusqu'à 3 jours au réfrigérateur. Mélanger et servir à température ambiante en accompagnement d'un poisson ou de fruits de mer.

SAUCE TOMATE AU JAMBON PIMENTÉE

& PENNES

POUR 4 PERSONNES

1 cuil. à soupe d'huile d'olive

2 cuil. à soupe de beurre

1 oignon, finement haché

⅔ de tasse de jambon, coupé en dés

2 gousses d'ail, très finement hachées

1 piment rouge frais, épépiné
et finement haché

800 g de tomates concassées en boîte

sel et poivre

4 tasses de pennes ou de bucatini

2 cuil. à soupe de persil plat frais haché

6 cuil. à soupe de parmesan
fraîchement râpé

1 Dans une poêle, chauffer l'huile d'olive et 1 cuillerée à soupe de beurre à feu moyen, ajouter l'oignon et cuire 10 minutes, jusqu'à ce qu'il soit tendre et doré. Ajouter le jambon et cuire encore 5 minutes, jusqu'à ce qu'il soit légèrement doré. Incorporer l'ail, le piment et les tomates concassées, saler et poivrer à volonté et laisser mijoter 30 à 40 minutes à feu moyen à vif, jusqu'à ce que la préparation ait épaissi.

2 Porter à ébullition une casserole d'eau salée, ajouter les pâtes et cuire jusqu'à ce qu'elles soient al dente. Égoutter et transférer dans un plat de service chaud.

3 Napper les pâtes de sauce, ajouter le persil, le parmesan et le beurre restant, mélanger et servir immédiatement.

SAUCE THAÏE

& GALETTES DE POISSON

POUR 4 PERSONNES

GALETTES DE POISSON

450 g de filets de poisson à chair blanche

1 blanc d'œuf

2 feuilles de lime kafir, ciselées

1 cuil. à soupe de pâte de curry verte

55 g de haricots verts, finement hachés

1 piment rouge frais, épépiné et haché

1 botte de coriandre fraîche, hachée

huile d'arachide, pour la cuisson

SAUCE THAÏE

½ tasse de sucre en poudre

¼ de tasse de vinaigre de vin blanc

1 petite carotte, pelée

1 morceau de concombre de 5 cm, pelé

1 Retirer la peau du poisson, couper la chair en dés et mettre dans un robot de cuisine. Ajouter le blanc d'œuf, les feuilles de lime kafir et la pâte de curry, et mixer jusqu'à obtention d'une consistance homogène. Racler les parois du robot de cuisine, et incorporer les haricots verts, le piment rouge et la coriandre.

2 Les mains humides, façonner de petites galettes de 2 cm d'épaisseur et les disposer sur une assiette en une seule couche. Mettre au réfrigérateur 30 minutes.

3 Pour la sauce, mettre le sucre, 1 cuillerée à soupe ½ d'eau et le vinaigre dans une casserole et chauffer à feu doux sans cesser de remuer jusqu'à ce que le sucre soit dissous. Couper la carotte et le concombre en julienne, ajouter dans la casserole et retirer du feu.

4 Dans une poêle, chauffer l'huile, ajouter une partie des galettes de poisson et cuire jusqu'à ce qu'elles soient dorées sur les deux faces. Égoutter sur du papier absorbant, réserver au chaud et cuire les galettes restantes. Réchauffer éventuellement la sauce et servir immédiatement, avec les galettes de poisson.

SAUCE
PIMENTÉE

10 piments arbol séchés,
sans la tige

1 tasse de vinaigre de vin blanc
ou de cidre

½ cuil. à café de sel

EN ACCOMPAGNEMENT DE

viande, poisson, pâtes ou pizza

1 Mettre les piments dans un mortier et les réduire en miettes
à l'aide d'un pilon.

2 Dans une casserole, mettre le vinaigre, ajouter les miettes
de piment et le sel, et porter à ébullition.

3 Retirer du feu, laisser reposer et transférer dans un plat
de service. La sauce se conserve un mois au réfrigérateur.
Servir en accompagnement d'une viande, d'un poisson, de pâtes
ou d'une pizza.

SAUCE TOMATE PIMENTÉE

POUR 4 PERSONNES

2 à 3 piments verts frais

1 tasse de tomates concassées en boîte

1 oignon vert, finement émincé

2 gousses d'ail, hachées

2 à 3 cuil. à soupe de vinaigre de cidre

1 pincée d'origan séché

1 pincée de cumin en poudre

1 pincée de sucre et de sel

EN ACCOMPAGNEMENT DE

viande, poisson, pâtes ou pizza

1 Ouvrir les piments, épépiner éventuellement et hacher finement.

2 Transférer les piments dans un robot de cuisine, ajouter les tomates, l'oignon vert, l'ail, le vinaigre, l'origan, le cumin, le sucre et le sel, et mixer jusqu'à obtention d'une consistance homogène. Ajouter 60 à 80 ml d'eau et mixer de nouveau.

3 Rectifier l'assaisonnement et conserver au réfrigérateur jusqu'à une semaine. Servir en accompagnement d'une viande, d'un poisson, de pâtes ou d'une pizza.

SAUCE AIGRE-DOUCE
& TRAVERS DE PORC

POUR 4 PERSONNES

450 g de travers de porc, coupés en cubes

huile, pour la friture

2 cuil. à café de sauce de soja claire

½ cuil. à café de sel

1 pincée de poivre blanc

SAUCE

3 cuil. à soupe de vinaigre de vin de riz

2 cuil. à soupe de sucre

1 cuil. à soupe de sauce de soja claire

1 cuil. à soupe de ketchup

1 cuil. à soupe ½ d'huile d'arachide

1 poivron vert, grossièrement haché

1 petit oignon, grossièrement haché

1 petite carotte, coupée en fines rondelles

½ cuil. à café d'ail haché

½ cuil. à café de gingembre frais haché

100 g d'ananas, coupé en dés

1 Dans une terrine, mettre la sauce de soja, le sel et le poivre, ajouter la viande et laisser mariner 20 minutes.

2 Dans un wok ou une poêle à fond épais, chauffer l'huile de friture à 180 °C – un dé de pain doit y dorer en 30 secondes. Faire frire les travers de porc 8 minutes, égoutter et réserver.

3 Pour la sauce, mélanger le vinaigre, le sucre, la sauce de soja et le ketchup, et réserver.

4 Dans un wok ou une poêle à fond épais, chauffer 1 cuillerée à soupe d'huile d'arachide, ajouter le poivron, l'oignon et la carotte, et faire revenir 2 minutes. Retirer du wok et réserver.

5 Nettoyer le wok ou la poêle. Chauffer l'huile restante, ajouter l'ail et le gingembre, et faire revenir jusqu'à ce que les arômes se développent. Ajouter le mélange à base de vinaigre, porter à ébullition et incorporer les morceaux d'ananas. Ajouter la viande, le poivron, l'oignon et la carotte, réchauffer le tout et servir immédiatement.

SAUCE AU SAUMON ET À LA CRÈME AIGRE

& TAGLIATELLES

POUR 4 PERSONNES

450 g de tagliatelles ou conchiglie

1 tasse ¼ de crème aigre

2 cuil. à café de moutarde de Dijon

4 gros oignons verts, finement hachés

225 g de saumon fumé,
coupé en morceaux

zeste finement râpé d'un demi-citron

poivre

2 cuil. à soupe de ciboulette fraîche
hachée

1 Porter à ébullition une casserole d'eau salée, ajouter les pâtes et cuire jusqu'à ce qu'elles soient al dente. Égoutter, remettre dans la casserole et ajouter la crème aigre, la moutarde, les oignons verts, le saumon fumé et le zeste de citron. Mélanger, chauffer à feu doux et poivrer à volonté.

2 Transférer sur un plat de service, parsemer de ciboulette hachée et servir chaud ou à température ambiante.

SAUCE HOLLANDAISE

& ASPERGES

POUR 4 PERSONNES

650 g d'asperges blanches ou vertes

4 cuil. à soupe de vinaigre de vin blanc

½ cuil. à soupe d'échalote finement hachée

5 grains de poivre

1 feuille de laurier

3 gros jaunes d'œufs

150 g de beurre, coupé en dés

2 cuil. à café de jus de citron

1 pincée de poivre de Cayenne

2 cuil. à soupe de crème fraîche allégée (facultatif)

sel

1 Ébouter les asperges, les couper de sorte qu'elles aient la même longueur et retirer la peau fibreuse des asperges blanches à l'aide d'un petit couteau tranchant ou d'un économe.

2 Porter de l'eau à ébullition. Répartir les asperges en quatre bottes et nouer les bottes à l'aide de ficelle de cuisine de sorte qu'elles tiennent à la verticale.

3 Dans une casserole très profonde, disposer les bottes à la verticale et verser de l'eau bouillante de sorte qu'elles soient immergées aux trois quarts. Façonner un dôme de papier d'aluminium, côté brillant vers le bas, et le disposer sur la casserole.

4 Chauffer jusqu'à ce que l'eau soit frémissante et laisser mijoter encore 10 minutes de sorte que les asperges soient juste tendres. Vérifier la cuisson en les piquant à l'aide d'un couteau pointu.

5 Pour la sauce, mettre le vinaigre, l'échalote, les grains de poivre et la feuille de laurier dans une casserole, porter à ébullition à feu vif et laisser bouillir jusqu'à obtention de l'équivalent d'une cuillerée à soupe. Laisser tiédir, filtrer et transférer dans une terrine résistant à la chaleur.

6 Ajouter les jaunes d'œufs dans la terrine et bien battre. Disposer la terrine sur une casserole d'eau frémissante en évitant que la terrine touche l'eau et battre jusqu'à ce que le préparation nappe la cuillère.

7 Incorporer le beurre progressivement de façon à obtenir une consistance de mayonnaise, ajouter le jus de citron et le poivre, et saler à volonté. Incorporer éventuellement la crème fraîche et transférer dans 4 bols.

8 Égoutter les asperges, retirer les ficelles et répartir sur 4 assiettes. Servir immédiatement, accompagné de sauce.

SAUCE AU PIMENT DOUCE

POUR environ 1 tasse ½

5 gros piments rouges frais,
New Mexico ou ancho par exemple

2 tasses de bouillon de légumes

1 cuil. à soupe de masa harina
ou 1 tortilla de maïs, émiettée
et mélangée à de l'eau
pour former une pâte

1 pincée de cumin en poudre

1 à 2 gousses d'ail, finement hachées

jus d'un citron

sel

EN ACCOMPAGNEMENT DE

grillades ou pâtes

1 À l'aide de pinces métalliques, passer les piments au-dessus d'une flamme jusqu'à ce que la peau ait uniformément noirci. Il est également possible de les passer au gril préchauffé en les retournant souvent en veillant à ne pas laisser brûler.

2 Plonger dans une terrine d'eau bouillante et couvrir. Laisser tiédir jusqu'à ce qu'ils aient gonflé et qu'ils soient tendres.

3 Verser le bouillon dans une casserole et chauffer à feu doux jusqu'au point d'ébullition.

4 Égoutter les piments à l'aide d'une écumoire, les épépiner et couper la chair en morceaux. Mettre dans un robot de cuisine, réduire en purée et incorporer le bouillon frémissant.

5 Transférer dans une casserole, ajouter le masa harina ou la pâte de tortilla, le cumin, l'ail et le jus de citron, et porter à ébullition. Cuire sans cesser de remuer jusqu'à ce que la sauce ait épaissi, rectifier l'assaisonnement et servir en accompagnement de grillades ou de pâtes.

SAUCE TOMATE AU POIVRON

POUR environ 720 ml

4 cuil. à soupe d'huile d'olive

10 grosses gousses d'ail

150 g d'échalotes, hachées

4 gros poivrons rouges, hachés

900 g de tomates mûres ou de tomates
en boîte, concassées

2 fines lanières de zeste d'orange

1 pincée de flocons de piment

EN ACCOMPAGNEMENT DE

grillades, pâtes ou riz

1 Dans une cocotte, chauffer l'huile d'olive à feu moyen, ajouter l'ail, les échalotes et les poivrons, et cuire 10 minutes en remuant de temps en temps, jusqu'à ce que les poivrons soient tendres sans avoir doré.

2 Ajouter les tomates et mouiller avec le jus en cas d'utilisation de tomates en boîte. Incorporer le zeste d'orange et les flocons de piment, saler et poivrer à volonté et porter à ébullition. Réduire le feu et laisser mijoter 45 minutes à découvert, jusqu'à ce que la sauce ait épaissi et que le liquide se soit évaporé.

3 Réduire la préparation en purée à l'aide d'un presse-purée ou dans un robot de cuisine. Passer la purée obtenue au chinois en pressant à l'aide d'une cuillère en bois et rectifier l'assaisonnement. Servir immédiatement en accompagnement de grillades, de pâtes ou de riz, ou couvrir et conserver au réfrigérateur jusqu'à 3 jours.

SAUCE MOJO
& POMMES DE TERRE

POUR 4 À 6 PERSONNES

⅓ de tasse de gros sel

24 petites pommes de terre nouvelles
rouges, non pelées

SAUCE MOJO

40 g de pain rassis, sans la croûte
et coupé en morceaux

2 grosses gousses d'ail

½ cuil. à café de sel

1 cuil. à soupe ½ de paprika espagnol fort

1 cuil. à soupe de cumin en poudre

2 cuil. à soupe de vinaigre de vin rouge

5 cuil. à soupe d'huile d'olive vierge extra

2 pimientos del piquillo en bocal, égouttés

1 Dans une poêle, verser 3 cm d'eau, ajouter le sel et mélanger. Ajouter les pommes de terre, couvrir d'un linge de la taille de la poêle et porter à ébullition. Réduire le feu et laisser mijoter 20 minutes, jusqu'à ce que les pommes de terre soient juste tendres.

2 Retirer le linge et le laisser tiédir. Égoutter les pommes de terre, les remettre dans la poêle vide et essorer le linge au-dessus de la poêle. Chauffer à feu doux en secouant la poêle jusqu'à ce que les pommes de terre soient sèches et enveloppées d'une pellicule blanche.

3 Pour la sauce, mettre le pain dans une terrine, couvrir d'eau et laisser tremper 5 minutes. Presser le pain avec les mains de façon à exprimer l'excédent d'eau. Dans un mortier, mettre l'ail et le sel, piler jusqu'à obtention d'une pâte et incorporer le paprika et le cumin. Transférer la préparation obtenue dans un robot de cuisine, ajouter le vinaigre de vin et mixer. Ajouter le pain et 2 cuillerées à soupe d'huile, et mixer de nouveau.

4 Moteur en marche, ajouter progressivement les morceaux de poivron de façon à obtenir une consistance onctueuse, ajouter de l'huile si nécessaire et rectifier l'assaisonnement.

5 Couper les pommes de terre en deux, planter quelques piques à cocktail et servir accompagné de sauce mojo. Servir les pommes de terre chaudes ou à température ambiante.

SAUCE À L'AIL ET AUX CREVETTES

& TAGLIATELLES

POUR 4 PERSONNES

3 cuil. à soupe d'huile d'olive

3 cuil. à soupe de beurre

4 gousses d'ail, très finement hachées

2 cuil. à soupe de poivron rouge
très finement haché

2 cuil. à soupe de concentré de tomates

½ tasse de vin blanc sec

450 g de tagliatelles ou de spaghettis

350 g de crevettes crues, décortiquées
et coupées en morceaux de 1 cm

½ tasse de crème fraîche épaisse

sel et poivre

GARNITURE

3 cuil. à soupe de persil plat frais haché

1 Dans une poêle, chauffer l'huile et le beurre à feu moyen, ajouter l'ail et le poivron rouge, et cuire quelques secondes, jusqu'à ce que l'ail commence à dorer. Incorporer le concentré de tomates, mouiller avec le vin et cuire 10 minutes sans cesser de remuer.

2 Porter à ébullition une casserole d'eau salée, ajouter les pâtes et cuire jusqu'à ce qu'elles soient al dente. Égoutter et remettre dans la casserole.

3 Ajouter les crevettes dans la poêle, augmenter le feu et cuire encore 2 minutes sans cesser de remuer, jusqu'à ce que les crevettes rosissent. Réduire le feu, incorporer la crème fraîche et cuire 1 minute sans cesser de remuer, jusqu'à ce que la préparation épaississe. Saler et poivrer à volonté.

4 Transférer les pâtes dans un plat de service chaud, napper de sauce et parsemer de persil frais haché. Mélanger et servir immédiatement.

3

LES INDISPENSABLES

ASSAISONNEMENTS, MAYONNAISES
& CONDIMENTS

*Dans ce chapitre, vous retrouverez toutes les recettes
indispensables pour la cuisine de tous les jours. Évitez
les vinaigrettes et les mayonnaises prêtes à l'emploi qui
ont envahi les commerces et surprenez vos invités en les
préparant vous-même. Le simple fait d'utiliser des ingrédients
frais fait une grande différence et l'absence d'additif artificiel
est plus rassurant. De plus, il est très simple d'ajuster la
quantité d'ingrédients pour préparer la recette à votre goût
– un vinaigre plus acide ou plus doux par exemple.
La plupart des recettes que vous trouverez dans ce chapitre
peuvent être variées à l'infini, simplement grâce à l'ajout
de quelques ingrédients – des fines herbes ou des anchois,
par exemple. Essayez de préparer vous-même la mayonnaise,
vous verrez que la confection de ce grand classique n'a
vraiment rien d'insurmontable et, surtout, vous vous régalerez.*

ASSAISONNEMENT

Un bon assaisonnement est primordial dans la préparation d'une salade. Utilisez de l'huile et du vinaigre de bonne qualité, adaptez-les aux ingrédients qui composent la salade et ajoutez les fines herbes appropriées à la dernière minute. Rappelez-vous que l'assaisonnement ne doit être ajouté qu'au moment de servir. Pour vous simplifier la tâche, contentez-vous d'arroser la salade de jus de citron et d'huile d'olive.

POUR 2 À 4 PERSONNES

2 cuil. à soupe de jus de citron
ou de vinaigre de vin rouge ou blanc

4 à 6 cuil. à soupe d'huile d'olive
vierge extra

1 cuil. à café de moutarde de Dijon

1 pincée de sucre

1 cuil. à soupe de persil frais haché

sel et poivre

1 Mettre les ingrédients dans un bocal, fermer hermétiquement et bien agiter. Il est également possible de mettre les ingrédients dans une terrine et de battre à l'aide d'une fourchette. Ajouter l'huile à volonté – 4 cuillerées à soupe suffisent pour un assaisonnement de laitue et 6 cuillerées à soupe sont nécessaires EN ACCOMPAGNEMENT DE des ingrédients plus consistants.

2 Servir immédiatement ou conserver au réfrigérateur jusqu'à 3 ou 4 jours sans les fines herbes.

VARIANTES

Assaisonnement asiatique : remplacer 1 cuillerée à soupe d'huile d'olive par de l'huile de sésame et ajouter 1 à 2 cuillerées à café de sauce de soja. Remplacer le persil par de la coriandre.

Assaisonnement à la tomate : remplacer le jus de citron par du vinaigre balsamique et ajouter 1 cuillerée à soupe de tomates séchées au soleil hachées. Remplacer le persil par du basilic ciselé.

Assaisonnement au fromage : ajouter 1 cuillerée à soupe de bleu émietté ou de fromage à l'ail, et quelques noix hachées.

Assaisonnement aigre-doux : ajouter 1 cuillerée à soupe de miel, 1 cuillerée à café de gingembre fraîchement râpé et 1 cuillerée à soupe de graines de sésame grillées.

VINAIGRETTE

POUR environ ⅔ de tasse

120 ml d'huile d'olive
ou d'une autre huile

3 cuil. à soupe de vinaigre de vin blanc
ou de jus de citron

1 cuil. à café de moutarde de Dijon

½ cuil. à café de sucre

sel et poivre

1 Mettre les ingrédients dans une terrine et émulsionner à l'aide d'un petit fouet en métal ou d'une fourchette. Il est également possible de mettre les ingrédients dans un bocal muni d'un couvercle et de bien agiter. Rectifier l'assaisonnement.

2 Servir immédiatement ou conserver jusqu'à un mois au réfrigérateur. Toujours battre la vinaigrette ou secouer le bocal avant utilisation.

VARIANTES

Vinaigrette à l'ail : utiliser de l'huile à l'ail de bonne qualité et ajouter 1 ou 2 gousses d'ail hachées. Laisser mariner jusqu'à une semaine pour un goût plus prononcé.

Vinaigrette aux fines herbes : incorporer 1 cuillerée à soupe ½ de fines herbes – ciboulette, persil ou menthe, par exemple. Laisser mariner 3 jours et filtrer la vinaigrette si les fines herbes ont commencé à noircir.

MAYONNAISE CLASSIQUE

POUR environ 300 ml

2 gros jaunes d'œufs

2 cuil. à café de moutarde de Dijon

¾ de cuil. à café de sel

2 cuil. à soupe de jus de citron
ou de vinaigre de vin blanc

1 tasse ¼ d'huile de tournesol

poivre blanc

1 Dans un robot de cuisine, mettre les jaunes d'œufs, la moutarde de Dijon, le sel et du poivre blanc, mixer et incorporer le jus de citron. Il également possible de procéder en battant les ingrédients à l'aide d'un fouet.

2 Moteur en marche ou sans cesser de battre, ajouter l'huile goutte à goutte jusqu'à ce que la préparation épaississe, et verser l'huile restante en filet continu jusqu'à obtention d'une consistance de mayonnaise. Rectifier l'assaisonnement et incorporer éventuellement 1 cuillerée à soupe d'eau chaude, de crème fraîche ou de jus de citron de façon à fluidifier la mayonnaise.

3 Servir immédiatement ou conserver dans un récipient hermétique jusqu'à une semaine au réfrigérateur.

MAYONNAISE
À LA CORIANDRE

POUR 4 PERSONNES

1 œuf

2 cuil. à café de moutarde

½ cuil. à café de sel

jus d'un citron

2 cuil. à café de coriandre fraîche hachée

1 piment vert doux, épépiné
et finement haché

1 tasse ½ d'huile d'olive

1 Dans un robot de cuisine, mettre l'œuf, ajouter la moutarde et le sel, et mixer 30 secondes.

2 Ajouter le jus de citron, la coriandre et le piment vert, et mixer rapidement.

3 Moteur en marche, ajouter la moitié de l'huile goutte à goutte de sorte que la préparation épaississe.

4 Verser l'huile restante en filet continu, transférer la mayonnaise dans un bol de service et mettre au réfrigérateur 30 minutes de façon à ce que les arômes se développent.

AÏOLI

POUR environ 1 tasse ½

3 à 4 grosses gousses d'ail

gros sel

2 gros jaunes d'œufs

1 cuil. à café de jus de citron

1 tasse ¼ d'huile d'olive vierge extra

sel et poivre

1 Réduire les gousses d'ail en purée, incorporer le sel et transférer la purée obtenue dans un robot de cuisine. Ajouter les jaunes d'œufs et le jus de citron, et mixer.

2 Moteur en marche, ajouter l'huile goutte à goutte jusqu'à ce que la préparation épaississe et verser l'huile restante en filet continu jusqu'à obtention d'une consistance de mayonnaise. Rectifier l'assaisonnement, couvrir et conserver jusqu'à 3 jours au réfrigérateur.

CHUTNEY
DE MANGUE

POUR environ I tasse ½

I mangue de 400 g, pelée et hachée

2 cuil. à soupe de jus de citron vert

I cuil. à soupe d'huile d'arachide

2 échalotes, finement hachées

I gousse d'ail, finement hachée

2 piments verts frais, épépinés et émincés

I cuil. à café de graines de moutarde noire

I cuil. à café de graines de coriandre

5 cuil. à soupe de sucre roux

5 cuil. à soupe de vinaigre de vin blanc

I cuil. à café de sel

I pincée de gingembre en poudre

1 Dans une terrine non métallique, mettre la mangue et le jus de citron vert, et réserver.

2 Dans une poêle, chauffer l'huile à feu moyen, ajouter les échalotes et faire revenir 3 minutes. Ajouter l'ail et les piments, et faire revenir encore 2 minutes, jusqu'à ce que les échalotes soient tendres, sans laisser dorer. Ajouter les graines de moutarde et de coriandre, et bien mélanger.

3 Ajouter la mangue dans la poêle et incorporer le vinaigre, le sucre, le sel et le gingembre. Réduire le feu et laisser mijoter 10 minutes, jusqu'à ce que la préparation ait une consistance de confiture.

4 Retirer du feu et laisser refroidir complètement. Transférer dans un récipient hermétique, couvrir et mettre au réfrigérateur 3 jours. Le chutney se conserve une semaine.

BREAD SAUCE

POUR 6 À 8 PERSONNES

1 oignon

12 clous de girofle

1 feuille de laurier

6 grains de poivre noir

2 tasses ½ de lait

2 tasses de chapelure blanche fraîche

2 cuil. à soupe de beurre

noix muscade entière, à râper

2 cuil. à soupe de crème fraîche épaisse

EN ACCOMPAGNEMENT DE

volaille grillée ou rôtie

1 Percer 12 petits trous dans l'oignon à l'aide d'un couteau pointu ou d'une brochette, et insérer les clous de girofle dans les trous.

2 Dans une casserole, mettre l'oignon, la feuille de laurier et les grains de poivre, verser le lait et porter à ébullition. Retirer du feu, couvrir et laisser infuser 1 heure.

3 Retirer l'oignon et la feuille de laurier du lait, filtrer le lait et le verser dans une casserole propre. Ajouter la chapelure.

4 Cuire 4 à 5 minutes à feu doux, jusqu'à ce que la chapelure ait absorbé le lait et que la consistance soit bien épaisse.

5 Incorporer le beurre en battant bien, saler et poivrer à volonté et ajouter de la noix muscade râpée. Incorporer la crème fraîche et servir immédiatement en accompagnement d'une volaille.

SAUCE AUX CANNEBERGES

POUR 6 À 8 PERSONNES

2 tasses de canneberges fraîches

6 cuil. à soupe de sucre roux

⅔ de tasse de jus d'orange

½ cuil. à café de cannelle en poudre

½ cuil. à café de noix muscade râpée

EN ACCOMPAGNEMENT DE

volaille grillée ou rôtie

1 Dans une casserole, mettre les canneberges, le sucre, le jus d'orange et les épices, et bien mélanger.

2 Couvrir la casserole et porter lentement à ébullition à feu doux.

3 Laisser mijoter 8 à 10 minutes, jusqu'à ce que les canneberges aient éclaté, en veillant à éviter les projections.

4 Couvrir jusqu'au moment de servir et servir chaud ou froid, en accompagnement d'une volaille grillée ou rôtie.

SAUCE À L'ABRICOT

POUR 6 PERSONNES

400 g d'oreillons d'abricot au sirop

⅔ de tasse de bouillon de légumes

½ tasse de marsala

½ cuil. à café de gingembre en poudre

½ cuil. à café de cannelle en poudre

sel et poivre

1 Mixer les oreillons d'abricot et le sirop dans un robot de cuisine jusqu'à obtention d'une consistance homogène.

2 Transférer le coulis obtenu dans une casserole, ajouter les ingrédients restants et chauffer 4 à 5 minutes à feu doux, jusqu'à ce que le tout soit chaud. Saler et poivrer à volonté.

3 Retirer du feu, transférer la sauce dans une saucière et servir avec du jambon fumé à l'os.

SAUCE AU RAIFORT

POUR 6 À 8 PERSONNES

6 cuil. à soupe de crème de raifort

6 cuil. à soupe de crème fraîche

1 Dans un bol, mettre la crème de raifort et la crème fraîche, mélanger et servir avec du rôti de bœuf ou du poisson fumé – truite ou maquereau, par exemple.

SAUCE À LA MENTHE

POUR 6 À 8 PERSONNES

1 petite botte de menthe fraîche

2 cuil. à café de sucre

2 cuil. à soupe d'eau bouillante

2 cuil. à soupe de vinaigre de vin blanc

1 Rincer délicatement la menthe et la sécher avec du papier absorbant. Retirer les feuilles des tiges et les ciseler.

2 Mettre les feuilles de menthe ciselées sur une planche à découper, saupoudrer de sucre et hacher finement – le sucre facilite la tâche. Transférer les feuilles dans une terrine, ajouter l'eau bouillante et mélanger jusqu'à ce que le sucre soit dissous.

3 Ajouter le vinaigre et laisser mariner 30 minutes. Servir avec du gigot d'agneau.

4

LES IRRÉSISTIBLES

DÉLICES SUCRÉES

*Bien souvent, surtout lorsqu'il s'agit du repas quotidien,
le dessert est un peu laissé pour compte et s'accorde rarement
avec le plat principal. Les sauces sucrées que vous trouverez
dans ce chapitre vous permettront de transformer le plus simple
des desserts en un somptueux délice. Toutes les recettes, chaudes
ou froides, accompagneront à merveille les crèmes glacées
et les sorbets. Elles s'accorderont également parfaitement avec
de nombreuses autres douceurs, des tartelettes aux mousses
en passant par les crêpes. Malgré la simplicité de ces recettes,
soyez sûr d'impressionner vos invités — proposez-leur une
fondue de fruits frais avec une sauce au chocolat à la liqueur
d'orange. Absolument irrésistible !*

SAUCE AU CHOCOLAT BLANC

POUR environ 1 tasse

⅔ de tasse de crème fraîche épaisse

4 cuil. à soupe de beurre,
coupé en dés

3 cuil. à soupe de sucre

175 g de chocolat blanc,
cassé en morceaux

2 cuil. à soupe de cognac

1 Mettre la crème fraîche dans une jatte résistant à la chaleur, disposer la jatte sur une casserole d'eau frémissante et ajouter le beurre et le sucre. Chauffer sans cesse de remuer jusqu'à obtention d'une consistance homogène et retirer du feu.

2 Incorporer progressivement les morceaux de chocolat en veillant à ce que les morceaux aient fondu avant chaque ajout. Incorporer le cognac et laisser refroidir à température ambiante.

SAUCE AU CHOCOLAT
À LA LIQUEUR D'ORANGE

POUR environ ⅔ de tasse

6 cuil. à soupe de crème fraîche épaisse

85 g de chocolat pâtissier, cassé
en morceaux

2 cuil. à soupe de liqueur d'orange

1 Dans une petite casserole, verser la crème fraîche, porter
à ébullition à feu doux et retirer du feu. Ajouter le chocolat
et remuer jusqu'à ce qu'il ait fondu.

2 Incorporer la liqueur et servir immédiatement ou réserver
au chaud.

CRÈME DESSERT AU CHOCOLAT

POUR environ ⅔ de tasse

½ tasse de sucre en poudre

4 cuil. à soupe d'eau

175 g de chocolat pâtissier, cassé en morceaux

2 cuil. à soupe de beurre, coupé en dés

2 cuil. à soupe de jus d'orange

1 Dans une casserole à fond épais, mettre le sucre et l'eau, chauffer à feu doux jusqu'à ce que le sucre soit dissous et incorporer le chocolat progressivement en veillant à ce que les morceaux aient fondu avant chaque ajout. Répéter l'opération avec le beurre sans laisser bouillir.

2 Incorporer le jus d'orange, retirer la casserole du feu et servir immédiatement ou réserver au chaud. Il est également possible de laisser refroidir la sauce, de la transférer dans un récipient adapté à la congélation et de la conserver au congélateur jusqu'à 3 mois. Laisser décongeler à température ambiante et servir.

ACCOMPAGNER LES GLACES

COULIS DE FRUITS ROUGES

POUR 6 PERSONNES

1 tasse de fruits rouges

2 cuil. à soupe d'eau

2 à 3 cuil. à soupe de sucre

2 cuil. à soupe de liqueur de fruits rouges

Mettre les ingrédients dans une casserole à fond épais et chauffer à feu doux jusqu'à ce que le sucre soit dissous. Réduire la préparation obtenue en purée à l'aide d'un écrase-purée ou dans un robot de cuisine. Passer au chinois de façon à retirer les grains et ajouter du sucre à volonté. Servir chaud ou froid.

CRÈME MOKA AU CHOCOLAT

POUR 6 PERSONNES

⅔ de tasse de crème fraîche épaisse

4 cuil. à soupe de beurre

55 g de sucre roux

1 tasse de chocolat pâtissier

2 cuil. à café de rhum ambré (facultatif)

Mettre la crème fraîche dans une jatte résistant à la chaleur, ajouter le beurre et le sucre, et disposer la jatte sur une casserole d'eau frémissante. Chauffer sans cesser de remuer jusqu'à obtention d'une consistance homogène, retirer du feu et laisser tiédir. Casser le chocolat en morceau, incorporer à la préparation précédente et remuer jusqu'à ce qu'il ait fondu. Ajouter le rhum, laisser refroidir à température ambiante et servir.

SAUCE AU PORTO

POUR 6 PERSONNES

1 tasse ½ de porto ruby

2 cuil. à café de maïzena

Délayer la maïzena dans 60 ml de porto. Dans une casserole, verser le porto restant, porter à ébullition et incorporer la pâte de maïzena. Cuire 1 minute sans cesser de remuer, jusqu'à ce que la préparation épaississe, retirer du feu et laisser refroidir. Couvrir et réserver au réfrigérateur.

SERVIR AVEC DE LA GLACE À LA VANILLE OU AU CHOCOLAT